聞く、話す
あなたの心、
わたしの気もち

親業シニアインストラクター
瀬川文子

いじめない、
いじめられない
子どものための
コミュニケーション

元就出版社

はじめに

この本を手に取ってくださったお父さん、お母さん、そして大人へ。

私は現在、親子関係を豊かに、温かく、お互いに分かり合えるようにするコミュニケーション、「親業訓練」のインストラクターをしています。このプログラムはアメリカの臨床心理学者トマス・ゴードン博士が考案したものです。

この仕事を通して、日々の積み重ねのコミュニケーションの大切さを痛感しています。特に親子関係の場合、親は愛情からたくさんのことを子どもに伝えたい、きちっと躾けたい、良い子に育てたいと一生懸命関わっています。

しかし、その思いや愛情が一方的になりやすく、「〜しなさい」「〜してはいけません」というような語りかけが多くなりがちです。温かな感情が入らない、このような語りかけが、三六五日繰り返されれば、言われたからやる、言われなければやらない、というような自主性のない子どもが育つこともあります。人の気持ちを感じて動く「感動」もなく、思いやりも育ちません。そんな子どもたちが増えているように感じます。

そのために、親や教師が子どもたちと豊かで、温かく、分かり合えるコミュニケーションを取るには、どうしたらよいかをこの数年間、大人の側に伝えてきました。

そして、親業訓練の成果には目をみはる効果があることも実感しています。すべての親や大人に学んでいただきたいと願っていますが、なかなか難しいのが現状です。

そこで、子どもたちに直接コミュニケーションの知恵を伝えたいという思いが強くなりました。子どもたちにゴードン博士の「親業訓練」を噛み砕いて、子どもでも理解できるやさしい言葉でつたえたいという思いが形になったのが本書です。

この本はたんなる読み物としてだけでなく、体験学習の手助けとして活用していただければと思います。本の事例をもとに、親子で実際にやり取りをし、自分の気持ちを表現し、相手の気持ちをくみ取ることで、分かり合える関係ができるということを体験してほしいのです。

解答例はあくまでも目安で、正解ではありません。子どもたちが自分自身のいろいろな気持ちに目を向け、気づくことだけでも大きな意味があると思います。

人とコミュニケーションをすることは、楽しいこと、人と意見が対立しても怖がる必要がないこと、民主的に解決できる方法があることを知り、知恵として身につけて欲しいと願っています。

子どもたちは、大人をモデルにコミュニケーション能力を身につけていきます。この本を通して、親子でコミュニケーションの大切さをあらためて考えるきっかけになれば、とてもうれしいです。目的はコミュニケーションを勉強することではなく、コミュニケーションを通して自分の気持ちや、相手の気持ちに気づき、コミュニケーションを続け、楽しむことです。

では、このコミュニケーションの基本を次のプロローグでご紹介します。

プロローグ――コミュニケーションはむずかしい？

ミンちゃん、なんだか元気《げんき》がありません。それにミンちゃんはなんだか怒《おこ》ってるみたい。

G博士《はかせ》「ミンちゃん、元気《げんき》がないね」

ミンちゃん「うん。あのね、このごろ、ポン子ちゃんマルちゃんが私のことなかまはずれにして、あそんでくれないの。だから二人に『なんでなかまはずれにするのよ！』って怒《おこ》っていったの。そうしたら『べつに、なかまはずれになんかしてないよ』って、二人とも怒《おこ》るんだよ」

G博士《はかせ》「そうだったの。それはこまったね。それにさびしいね」

ミンちゃん「ポン子ちゃんもマルちゃんもひどいよ。ミンちゃんなんにも悪《わる》いことしてないのに」

仲良くしたいな

G博士《はかせ》「ミンちゃんはなにも悪《わる》いことしてないんだね。でも、ミンちゃん、怒《おこ》ってお友《とも》だちと話《はなし》をすると、お友《とも》だちもいやな気《き》もちになっちゃうんだよ。ミンちゃんの心《こころ》のおくの気《き》もちは、二人のことが好《す》きだから、いっしょにあそびたいし、なかよくしたいんだよね。その心《こころ》のおくの気《き》もちを正直《しょうじき》にいったほうが、お友《とも》だちはミンちゃんがさびしがっていることがよくわかるんじゃないかな?」

ミンちゃん「そうなの?　でも……」

G博士《はかせ》「人と人がわかりあうためには、自分《じぶん》の心《こころ》のおくの気《き》もちを正直《しょうじき》に話《はな》したり、相手《あいて》の話《はなし》もちゃんと聞《き》かないと、なかよくできないんだよ」

ミンちゃん「なんだか、むずかしそう?!」

G博士《はかせ》「むずかしそうだと思《おも》うんだね。そんなことないよ。人とコミュニケーションがちゃんとできると、とても楽《たの》しくなるんだよ」

ミンちゃん「どうしたらいいか教《おし》えて」

聞く、話す　あなたの心、わたしの気もち――目次

1　コミュニケーションってなに?

さて、コミュニケーションってどういう意味《いみ》か知《し》ってる？　コミュニケーションを辞書《じしょ》で引いてみると、こう書《か》いてある。

『ことばや文字《もじ》などをつかって、人《ひと》と人《ひと》とが気《き》もちや意見《いけん》などを言《い》いあうこと』

人《ひと》と人《ひと》がわかりあうためには、ことば、文字《もじ》、表情《ひょうじょう》、身振《みぶ》り、手振《てぶ》りをつかって表現《ひょうげん》することが必要《ひつよう》だ。だって自分《じぶん》の心《こころ》のなかにおこった考えや気《き》もちは、自分《じぶん》いがいの人《ひと》には目《め》に見《み》えないからね。

自分《じぶん》の心《こころ》のなかでなにを考《かんが》えたり、感《かん》じたりしているのかをだれかにわかってほしいと思《おも》ったら、ことばや身振《みぶ》りにして相手《あいて》が聞《き》いたり、見《み》たりできるようにしないとわかってもらえないよね。

反対《はんたい》に相手《あいて》のことをわかりたいと思《おも》ったら、相手《あいて》が心《こころ》のなかで考《かんが》えたり、感《かん》じたりしていることはなにかなって、しっかり相手《あいて》のことを見《み》たり、聞《き》いたりしないとわからない。

こういうやりとりがコミュニケーションなんだ。みんなもコミュニケーションなんてことばを知《し》らなくたって、毎日《まいにち》いろいろな人とコミュニケーションしているよね。

でも、このコミュニケーションの仕方《しかた》が悪《わる》いと自分《じぶん》の考《かんが》えや気《き》もちが、うまくつたわらなくて、怒《おこ》りたくなったり、悲《かな》しくなったり、くやしい思《おも》いをしたり、イライラしたり、友《とも》だちとうまくいかなくなったりすることがあるよね。ひどいときには、イジメなんてこともおこるかもしれない。

こんなことがないように、これからこの本《ほん》のなかで、人《ひと》と人《ひと》がおたがいにわかりあったり、信頼《しんらい》しあったりできるようになるためにはどうしたらいいかを考《かんが》えてみよう。

お互いの意見や気持ちを
言葉や文字で伝えます

2 知《し》りあうことから

タンちゃんは3年生《ねんせい》です。お父《とう》さんの仕事《しごと》のつごうで、転校《てんこう》してきました。新《あたら》しい学校《がっこう》で、友《とも》だちできるかな、先生《せんせい》はやさしいかな、まえの学校《がっこう》と勉強《べんきょう》のしかたは同《おな》じかなって、不安《ふあん》でいっぱいです。ドキドキ！

あたらしいクラスのみんなの前《まえ》であいさつすることになったけど、どうしよう。

「だれか、助《たす》けて！」

こんなとき、どうすればみんなとお友《とも》だちになれるのかな？　みんなに自分《じぶん》をわかってもらうためには、どうしたらいいのかな？

まず、人と人が知《し》りあうためには、自分《じぶん》のことを知《し》ってもらわなければはじまらない。コミュニケーションをはじめるきっかけになるのが、あいさつだ。はじめて会《あ》う人には自《じ》分《ぶん》の名前《なまえ》もおぼえてもらわなきゃね。

新しいお友だち
ドキドキ

「はじめまして」「こんにちは」「やー」「元気《げんき》」「ひさしぶり」「わたしはミンです」「ぼくはタンです」「よろしく」「ぼくはドキドキしてます」「あがってます」

あいさつするときに大切《たいせつ》なことは、相手《あいて》の目《め》をしっかり見《み》ること。目《め》と目《め》をあわせて話《はなし》をすることで、おたがいに安心《あんしん》できる。

はずかしがりやさんは、相手《あいて》の目《め》を見《み》ることがにがてかもしれないけれど、目《め》をあわさずに話《はなし》をすると、相手《あいて》の人はムシされているんじゃないかとか、きらわれているんじゃないかとか心配《しんぱい》になる。ちょっとでもいいから、お友《とも》だちの目《め》を見《み》てね。

あいさつができたら、おたがいをもっと知《し》るために、自分《じぶん》から、「私《わたし》ってこんなことが好《す》き」「こんなことはにがて」「ぼくはこんなことがとくい」「ぼくはこんなことにむちゅう」

って、自分《じぶん》のことを話《はな》そう。そうしたら、相手《あいて》の人はあなたのことがよくわかるし、二人に共通《きょうつう》した好《す》きなことやにがてなことを見《み》つけられるかもしれない。共通点《きょうつうてん》が見《み》つかると、話《はなし》がはずむよね。話《はなし》がはずめば、もっとおたがいのことがわかるし、楽《たの》しくなるよね。

タンちゃん「そうか、みんなの目《め》を見《み》て、『はじめまして』って、あいさつして、名前《なまえ》をいう。それから、自分《じぶん》の好《す》きなこととか、にがてなことをいったら、ぼくがどんな子《こ》かみんなにわかってもらえるんだ」

【レッスン1】
自分のとくいなことを20個書いてみよう
自分の好きなものを20個書いてみよう
自分のにがてなこと・にがてなものを20個書いてみよう

レッスン1へのメッセージ

ねぇ、みんな自分《じぶん》のとくいなことや好《す》きなこと、にがてなことたくさん書《か》けたかな？どんな言葉《ことば》が書《か》けたかな？

「とくいなこと」なんて聞《き》かれると、「なにもないよ」なんていいたくなる人《ひと》もいるかもしれないね。

「ぼくは絵《え》をかくのがとくいです」っていっても、人《ひと》から「へたじゃん」なんていわれたらどうしようって、心配《しんぱい》になるこ子もいるかもしれない。

人《ひと》がどう思《おも》うかを気《き》にすると、「とくい」っていいにくくなることってあるよね。でも、人《ひと》がなんといおうとかまわない。あなたの絵《え》を好《す》き、色《いろ》がきれい、うまいって思《おも》う人もいれば、そう思《おも》わない人《ひと》もいる。

よのなかにはいろいろな考《かんが》えかたや、感《かん》じかたをする人《ひと》がいるから、人《ひと》のひょうかなんてあてにならない。

好《す》きなことというのも、人《ひと》それぞれだ。「ヘビが好《す》き」っていったら、「気《き》もち悪《わる》い」なんて思《おも》う人《ひと》もいるかもしれないけど、「わたしも好《す》き」っていうなかまだっているかもしれない。

にがてなことはたくさん書《か》けたなんていう人《ひと》もいるかもしれないね。いつもお父《とう》さんやお母《かあ》さん、先生《せんせい》から「ここがダメ」「もっと努力《どりょく》しなさい」っていわれていると、自分《じぶん》のダメなところや、にがてなことばかりに目《め》がいってしまうこともあるよね。だれにでもにがてなことはあるもんだ。

でもね、これがにがてって、自分《じぶん》でわかっているということは、にがてなことを好《す》きになる一歩《いっぽ》でもあるんだよ。にがてって気《き》づかないままだと、にがてなことにも、チャレンジしてみようという気《き》もちもおきてこないものね。
それでは、タンちゃんはどんなことを書《か》いたかみてみようね。

〈タンちゃんのとくいなこと〉
♪TVゲームならなん時間《じかん》でもできること　♪おふろそうじ　♪ギャグをいうこと
♪人《ひと》のマネをすること　♪九九《くく》がぜんぶいえること　♪声《こえ》を出《だ》してほんをよむこと
♪すぐにねむれること　♪お金《かね》の計算《けいさん》がはやいこと　♪一人《ひとり》でるすばんできること
♪ごはんをいっぱい食《た》べること　♪犬《いぬ》とすぐになかよしになれること　♪サッカー
♪水泳《すいえい》……

〈タンちゃんの好《す》きなこと・好《す》きなもの〉
♡TVゲーム　♡海《うみ》で泳《およ》ぐこと　♡Jリーグの試合《しあい》を見《み》ること　♡アイスクリーム
♡ねること　♡ボーとすること　♡友《とも》だちとあそぶこと　♡ゆき　♡おじいちゃん
♡犬《いぬ》　♡ネコ　♡マンガをよむ　♡サッカー　♡お金《かね》　♡野球《やきゅう》を見《み》ること

〈タンちゃんのにがてなこと・にがてなもの〉

☼ピーマン　☼シジミ　☼きのこ　☼バッタ　☼しゅくだい　☼算数《さんすう》　☼とびばこ

☼女子《じょし》に話《はな》しかける　☼先生《せんせい》　☼つくえのせいり　☼早《はや》おき　☼そうじ当番《とうばん》

タンちゃん、ずいぶんたくさん書《か》いたね。みんなもたくさん書《か》いてみてね。

3　自分《じぶん》の心《こころ》をよく見《み》てみよう

人とコミュニケーションするときに大切《たいせつ》なことは、自分《じぶん》の心《こころ》のなかにある気《き》もちや、考《かんが》えを自分《じぶん》が自分《じぶん》でわかっていないと、人にもつたえられない。まず、自分《じぶん》の心《こころ》のなかをよく見《み》つめてみよう。

♥わくわくしている　♥うれしい　♥はりきってる　♥楽《たの》しい　♥なかよくしたい
♥さびしい　♥メソメソしてる　♥ムカツク　♥きんちょうしてる　♥はずかしい
♥悲《かな》しい　♥不安《ふあん》だ　♥好《す》きだ　♥嫌いだ　♥もっと知《し》りたい　♥イライラしてる
♥たいくつだ　♥ばくはつしそうだ　♥キレル

いろいろな気《き》もちを書《か》いてみたけど、まだまだいっぱい気《き》もちはあるよね。それに気《き》もちや感《かん》じかたはあなたのもので、だれのものでもない。だから、だれかにこう感《かん》じるべきだと命令《めいれい》されても、そんなことできないよね。

たとえば、悲《かな》しいときによろこびなさいといわれてもむりだよね。こう感《かん》じなさいとか、その感《かん》じかたはまちがっているといわれておしつけられると、自分《じぶん》がいけない子《こ》と思《おも》われているようで、つらいよね。

なにをどう感《かん》じているかは一人一人《ひとりひとり》ちがうし、自由《じゆう》だ。だから自分《じぶん》の気《き》もちは人《ひと》まかせにはできないんだ。

でも、なんで気《き》もちってあるんだろうね。

気《き》もちがあるから、自分《じぶん》になにがおこっているかがわかると思《おも》わない？

まずは自分《じぶん》の心《こころ》のせいりからはじめてみようね。

【レッスン2】
いろんな気《き》もちを言葉《ことば》にしてみよう

うれしい！
おこった！
悲しい！
こまった！
びっくりした！

レッスン2のメッセージ

いっぱい書《か》けたかな？　人《ひと》の気《き》もちにはよろこぶ気《き》もち・怒《おこ》る気《き》もち・悲《かな》しい気《き》もち・楽《たの》しい気《き》もちなどいろいろあります。
それでは、タンちゃんはどんな気《き》もちの言葉《ことば》を見《み》つけたのかな？

✡さいこうだ！　✡やった！　✡ラッキー！　✡わくわく！　✡歌《うた》いたい気《き》ぶん！
✡ドキドキ！　✡しあわせ！　✡あったまにきた！　✡むかつく！　✡くやしい！
✡こんちくしょう！　✡あたまがガンガンする！　✡ショック！　✡しおれる！
✡カンカンに怒《おこ》ってる！　✡むねがいたい！　✡泣《な》きたい！　✡ぽかんとした！
✡心《こころ》ぼそい！　✡さびしい！　✡しずんでる！　✡しょんぼり！　✡おどろき！
✡あわくった！　✡はっとした！　✡元気《げんき》がでた！　✡にやにや！　✡こわい！
✡笑《わら》いがとまらない！　✡ひやあせがでた！　✡にげだしたい！　✡うっとり！
✡はずかしい！　✡ぶるぶるふるえる！　✡てれくさい！

4　心《こころ》のせいり

だれかといっしょにいるとき、あなたはかならず二つの気《き》もちのどちらかをもつんだよ。友《とも》だちがなにかをしたり、いったりすると、「イヤだ。こまった。そんなことしたり、いったりしないでほしい」と思《おも》うか、「べつに気《き》にならないから、そのましたり、いったりしてもいいよ。オッケー」と思《おも》うか、どちらかだ。

そして、その感《かん》じかたは人それぞれなんだよ。だから、自分《じぶん》のしょうじきな気《き》もちでどちらかなって、考《かんが》えてせいりすることは大切《たいせつ》なことだ。

また、もし自分《じぶん》の心《こころ》が「イヤだ。こまった。そんなことしたり、いったりしないでほしい」とイライラしたり、悲《かな》しくなったり、怒《おこ》りたくなったり、不安《ふあん》になったり、さびしかったり、こわくなったりしたら、そのときこそ自分《じぶん》の心《こころ》のおくの気《き》もちを正直《しょうじき》に相手《あいて》に話《はな》してみよう。

がまんしてなにもいわないでいると、心《こころ》がいやな気《き》もちでいっぱいになって、心《こころ》も体《からだ》も元気《げんき》がなくなるよ。いわないで心《こころ》にためすぎると、ふうせんみたいに、いつかばくはつしてしまう。ばくはつすると言葉《ことば》で相手《あいて》をきずつけたり、なぐったりしたくなる。だから、こまったな、イヤだなと思《おも》ったときは正直《しょうじき》に気《き》もちを話《はな》したほうが自分《じぶん》も楽《らく》だし、相手《あいて》もきずつけなくてすむんだ。

ただし、相手《あいて》に話《はな》すときは、相手《あいて》をなるべくきずつけないで、自分《じぶん》の気《き》もちが相手《あいて》によくつたわるような話《はな》しかたが大切《たいせつ》だよね。

わたしの気もちは
どっちかな？
オッケー！気にならないよ
イヤだ！こまったな

5　気《き》もちがつうじない〈12のいい方《かた》・やり方《かた》〉

「イヤだ。こまった。そんなことしたり、いったりしないでほしい」

と思《おも》ったときに、みんなはどんないい方《かた》をしているかな？

たとえば、ミンちゃんはお友《とも》だちになかまはずれにされて、あそんでくれないことで、

「イヤだ、こまった、そんなことしないでほしい」

って思《おも》っていたよね。それでミンちゃんはお友《とも》だちに、

「なんでなかまはずれにするのよ」

っていったけど、お友《とも》だちはいいかえしてきて、うまくいかなかったみたいだったよね。

みんなも自分《じぶん》がこまったときや、イヤな思《おも》いをしたときに、こんないい方《かた》をしていないかな？

なかまはずれにしたら先生にいいつけるわよ！

①
命令《めいれい》する
「あなたたちなかまはずれにしないで！」
「きみたち、ひきょうなことするな！」

②
おどしたり、注意《ちゅうい》をする
「あなたたちいじわるすると、先生《せんせい》にいいつけるわよ！」
「おまえ、おれをなかまはずれにすると、あとがこわいぞ！」

③
えらそうにいう・りくつをいう
「わたしたちは友《とも》だちでしょう、なかよくするべきでしょう」
「おれとおまえは友《とも》だちだろう。先生《せんせい》だって『なかまは大切《たいせつ》にしろ』っていってるだろう」

④
こうしたらという
「あなたたち、もっと友《とも》だちを大切《たいせつ》にしたら」
「おまえたち、もうちょっと大人《おとな》になったら」

⑤
あなたがわるいという、ばかにする
「あなたたちって、さいてい！」

⑥

「きみたちはほんとうにひきょうなやつだな！」

ほんとうはさんせいしてないのにさんせいしたふりをしたり、ほめたりする

「ぽんちゃんもまる子《こ》ちゃんもやさしい子《こ》でしょう」

「きみたちがそういうたいどなら、しかたないね」

⑦

こうじゃないかなと思うことをいう

「あななたち、わたしのことなんてどうだっていいと思《おも》ってるんでしょう」

「きみたち、ぼくにいやがらせをしてるんだろう」

⑧

はげましたり、わかったふりをする

「あなたはそんないじわるな人じゃないよね」

「おまえはほんとうはいいやつだよな」

⑨

しつもんぜめにする

「あなたたち、どうしてなかまはずれにするの？　わたしなんか悪《わる》いことした？

こないだのこと怒《おこ》ってるの？　なぜ？」

⑩

ごまかしたり、イヤミをいう

「あなたたちもいつかわたしの気《き》もちがわかるわよ」

「おまえって、つめたいんだな」

⑪ ムシする

友《とも》だちが話《はな》しかけてきても、だまって、しらんぷりんする

⑫ しかえしする

友《とも》だちがいやがるようなことをする

どう？　こんないい方《かた》や、やり方《かた》をしていないかな。友《とも》だちにこんないわれかたや、やりかたされたら、どんな気《き》もちになるかな？

6 自分《じぶん》の気《き》もちがつうじないのはなぜか

〈12のいい方《かた》・やり方《かた》〉では、自分《じぶん》の気《き》もちは友《とも》だちにちゃんとつたわらないんだ。つたわることもあるかもしれないけど、友《とも》だちは心《こころ》のなかでは反発《はんぱつ》したり、むかついたりするかもしれない。

どうしてだと思《おも》う？　自分《じぶん》がこまったり、イライラしたり、イヤだなと感《かん》じているのに、その自分《じぶん》の気《き》もちはいわないで「あなた、きみ、おまえ」って、友《とも》だちのことをせめているからだよ。

自分《じぶん》の心《こころ》のおくの気《き》もちはつたえずに、相手《あいて》のことをあれこれいっているから、友《とも》だちは「やっつけられた」とか「おしつけられた」って感《かん》じるんだ。だから友《とも》だちもプライドがきずつくし、あなたにたいしていい感《かん》じがもてなくなる。

たとえば、あなたがもしお母《かあ》さんやお父《とう》さんから〈12のいい方《かた》・やり方《かた》〉をされたらどんな気《き》もちになるかな？

決《き》められた家《いえ》のてつだいをあとまわしにしてテレビを見《み》たり、ゲームをしているときに、

「早《はや》くやりなさい」

「やらないなら、もうゲームはさせないよ」

「決められたてつだいはきちっとやるべきでしょう」

「あなたはやくそくを守《まも》らないダメな子」

「やるべきことをやってからゲームをしなさい」

なんていわれたら、お母《かあ》さんやお父《とう》さんにはんぱつしたり、むかついたりして、

「わかってるよ！」

「今《いま》やろうと思《おも》ってたんだ」

「どうせぼくはダメな子《こ》ですよ」

って、いいかえしたくならない？　お父《とう》さんやお母《かあ》さんはきみたちがにくくて、こんないい方《かた》をするわけじゃない。きみたちの全部《ぜんぶ》を悪《わる》いとかこまったって思《おも》っているわけじゃなくて、今《いま》、きみがしていることやいっていることが、こまったって思《おも》っているだけなんだよね。

やくそくを
守らないのは
ダメな子でしょ！
どうせぼくは
ダメな子
だよ
ピコピコ

でも、こういういい方《かた》をされると、人《ひと》はだれでも、せめられたと感《かん》じるし、ていこうしたくなるもんだ。自分《じぶん》を守《まも》りたくなる。自分《じぶん》がまちがったことをしているとわかっていても〈12のいい方《かた》・やり方《かた》〉をされると、ついはんぱつ心《ごころ》がむくむくわいてきて、いいわけしたくなる。

じゃ、どんないい方《かた》をしたら相手《あいて》が協力《きょうりょく》しようという気《き》もちになるのか考《かんが》えてみよう。

7 自分《じぶん》の気《き》もちがつうじるいい方《かた》

自分《じぶん》の気《き》もちや意見《いけん》をいうのって勇気《ゆうき》がいるよね。自分《じぶん》の気《き》もちをつたえても、わかってもらえなかったらどうしようって、ドキドキするかもしれない。

とくに「イヤだ」っていうのは、友《とも》だちからきらわれるんじゃないかとか、反対《はんたい》に友《とも》だちをきずつけるんじゃないかって、心配《しんぱい》になるよね。自分《じぶん》の気《き》もちなんて話《はなし》したら、弱虫《よわむし》とかバカとか、自分《じぶん》かってって思《おも》われるんじゃないかと思《おも》う人《ひと》もいるかもしれない。

でも、心《こころ》のなかでブツブツいっても相手《あいて》にはつたわらない。いわないままにしていると、イヤなことがいつまでもつづくし、イヤなことをおしつけられたりもする。いつも、いつもいわないでがまんしていると、いつかばくはつする。

だから、勇気《ゆうき》をだして自分《じぶん》の心《こころ》のおくにある気《き》もちをつたえよう。そして友《とも》だちがしたりいったりしたことで、自分《じぶん》がどうしてそんな気《き》もちになったのか、理由《りゆう》もいってみよう。

たとえば、こんなふうに、

「あなたたちが私《わたし》をおいて、先《さき》に帰《かえ》っちゃうと（友《とも》だちのしていること）、私《わたし》のこともう友《とも》だちじゃないって思《おも》ってるのかなって（理由《りゆう》）、悲《かな》しくなるの（気《き》もち）」

「きみたちが、ぼくが話《はな》しかけてもむしすると（友《とも》だちのしていること）、ぼくがなにか怒《おこ》らせるようなことしたのかなって気《き》になって（理由《りゆう》）、落《お》ちこんじゃうんだ（気《き》もち）」

どう？　こんないい方《かた》をするとあなたの気《き》もちがわってもらえそうでしょう。イヤだ、こまったという気《き》もちになるには、かならず理由《りゆう》があるはずだ。

だから、理由《りゆう》をつたえることで友《とも》だちは、なぜあなたがこまったり、イライラしているのかがよくわかるようになる。わたしが、ぼくが、こまっているといういい方《かた》だから、友《とも》だちをせめたとか、やっつけたという感《かん》じが少《すく》なくなる。

それでも、友《とも》だちは反発《はんぱつ》したり、いいわけしたり、むししてくるかもしれない。きっと、友《とも》だちにもいい分《ぶん》はあるはずだよね。あなたがいったことで、こんどは友《とも》だちの心《こころ》の中《なか》に「イヤだ」「こまった」という気《き》もちがわいてきたかもしれない。

友《とも》だちにも自分《じぶん》の気《き》もちをいう自由《じゆう》があるよね。だから、自分《じぶん》の気《き》もちをつたえたあとは、友《とも》だちの気《き》もちもちゃんと聞《き》こう。

ちゃんと理由をいえば
わかってくれるかもしれないよ

【レッスン3】

こまったときのいい方《かた》を練習《れんしゅう》してみよう。ルールは〈主語《しゅご》はわたし、ぼく〉、〈友《とも》だちのしていること・いったこと〉、〈こまっている理由《りゆう》〉、〈自分《じぶん》の気《き》もち〉この四つを必《かなら》ず入《い》れて文章《ぶんしょう》を作《つく》ること。

①あなたは友《とも》だちにマンガの本《ほん》をかしましたが、友《とも》だちがなかなか返《かえ》してくれません。もう約束《やくそく》の一週間《しゅうかん》をすぎています。とても大切《たいせつ》にしている本《ほん》で、あなたもまだ全部読《ぜんぶよ》み終《お》えていないので、早《はや》く読《よ》みたいと思《おも》っています。さぁ、なんていう?

②昼休《ひるやす》みに友《とも》だちがドッチボールのなかまに入《い》れてくれません。「おまえはへただから、ダメ」といわれました。とっても悲《かな》しい気《き》もちです。へただからこそ、練習《れんしゅう》したいと思《おも》っています。さぁ、なんていう?

③今《いま》までなかよくしていた友《とも》だちが、このごろあなたをさけているように感《かん》じます。話《はな》しかけても気《き》がのらないようすで、あなたはさびしく感《かん》じています。そのことを考《かんが》え

ると勉強《べんきょう》する気《き》がおきません。さぁ、なんていう？

④親《おや》が「あんな友《とも》だちとあそんではいけません」といってきた。でも、その友《とも》だちは親《おや》が思《おも》っているような悪《わる》い子《こ》じゃない。あなたにとって大切《たいせつ》な友《とも》だちの一人《ひとり》だ。だからそんなことといわれると、いやな気《き》もちになる。さぁ、なんていう？

レッスン３へのメッセージ

どう？　うまくいえたかな？

タンちゃんとミンちゃんはどんなふうにいったか、見《み》てみようね。タンちゃんやミンちゃんと、同《おな》じいい方《かた》でなくてもまちがいじゃないよ。自分《じぶん》の気《き》もちや理由《りゆう》をよく考《かんが》えてみてね。

①′このあいだ、かしたマンガの本《ほん》だけどさ、１週間《しゅうかん》だけ、かすっていったよね。ぼくまだ全部《ぜんぶ》読《よ》み終《お》わってないんだよね。早《はや》くつづきが読《よ》みたくてさ、こまってるんだ。

②′ヘタだからなかまに入《い》れないなんていわれると、すごく落《お》ち込《こ》むよ。ヘタだと自分《じぶん》でも思《おも》うから、みんなと練習《れんしゅう》してうまくなりたいって思《おも》ってるんだよ。

③′このごろさ、ポン子ちゃんとマルがあんまり話《はな》しかけてくれないから、すごくさびしいんだ。どうしてかなって、そのことばかり考《かんが》えちゃって、じゅくに行《い》く元気《げんき》もないんだよ。

④′お母《かあ》さんがマルちゃんのこと悪《わる》くいうと、わたしとっても悲《かな》しくなるんだよ。だってマルちゃんはわたしの大切《たいせつ》な友《とも》だちだから。お母《かあ》さんは知《し》らないかもしれないけど、マルちゃんにはいいところがたくさんあるんだよ。

8　聞《き》くことの大切《たいせつ》さ

相手《あいて》の話《はな》しを聞《き》くってどういうことだろう。聞《き》くということは自分《じぶん》が話《はな》しをやめて、相《あい》手《て》のいうことを受《う》けとめることだ。だまって聞《き》くという方法《ほうほう》もあるし、「ふ～ん」「そう」「へ～」とあいづちをうちながら聞《き》くこともできる。

でも、相手《あいて》がいいかえしてくると、つい聞《き》くことを忘《わす》れて、自分《じぶん》の気《き》もちや意見《いけん》をいいかえすことにむちゅうになる。そうすると相手《あいて》も同《おな》じように負《ま》けるもんかと、自分《じぶん》のことをいいたくなる。こうなると、もうケンカになっちゃうよね。

気《き》もちや考《かんが》えをいう自由《じゆう》はだれにでもあるのだけれど、おたがいがわかりあうためにはルールがある。それは、わたしにはわたしの気《き》もちや考《かんが》えがあるけど、あなたにはあなたの気《き》もちや考《かんが》えがあるだろうから、「いうだけじゃなくて、聞《き》きます」というルールだ。

それがほんとうの自由《じゆう》、平等《びょうどう》ということだ。

自分《じぶん》の気《き》もちをわかってほしいと思《おも》ったら、相手《あいて》もわかってほしいと思《おも》っているにちがいない。おたがいにわかりあえる関係《かんけい》になるためには、相手《あいて》がいったことを正確《せいかく》に理解《りかい》しなければいけない。相手《あいて》はなにを私《わたし》にわかってほしいのかなって、一生《いっしょう》けんめい聞《き》かないといけない。

そして、ほんとうに相手《あいて》がつたえたいことをわたしが正確《せいかく》に聞《き》けているかなって、確認《かくにん》する必要《ひつよう》がある。相手《あいて》が反発《はんぱつ》してきたときには、だまって聞《き》いたり、あいづちだけじゃたりないことがあるんだ。

だから、こういうときには、相手《あいて》の心《こころ》にある気《き》もちや思《おも》いを暗号《あんごう》だと思《おも》って解読《かいどく》しよう。暗号《あんごう》の解読《かいどく》が正《ただ》しいかどうかは、相手《あいて》に聞《き》いてみなければわからない、「これであってる？」って、確認《かくにん》することが大切《たいせつ》なんだ。

君の気もちも
聞くよ！

9 相手《あいて》の気《き》もちを確認《かくにん》する聞《き》き方《かた》

たとえば、なかまはずれにする友《とも》だちに、

「きみたちがぼくをなかまに入《い》れないっていうと、ぼくがなにかきみたちを怒《おこ》らせるようなことしたのかなって気《き》になって、落《お》ち込《こ》むんだ」

といったら、友《とも》だちが、

「おれたちがいじわるしてるっていうのかよ。おまえがかってにそう思《おも》ってるだけじゃん」

といいかえしてきた。

さあ、この友《とも》だちはどんな気《き》もちでいるのだろう？

「おれたちがいじわるしてるって、いうのかよ」ということは、いわれたことでイヤな気《き》分《ぶん》になったのかな？　友《とも》だちは「おまえがかってにそう思《おも》っているだけじゃん」といって

話しあって
お互いの気もちを
確認してみよう

いるね。

そうすると、友《とも》だちのいいたいことは「いわれたことがイヤだ。思《おも》いちがいだ」ということだね。そうしたらそのことを友《とも》だちに確認《かくにん》してみよう。

「ぼくが、きみたちがいじわるだといったようで、イヤな気《き》がしたんだね。ぼくが考《かんが》えすぎていると思《おも》うんだね」と聞《き》いてみよう。

あなたの気《き》もちをわたしはこんなふうに解読《かいどく》したけど、それで当《あ》たってる？　と確認《かくにん》すると、それが正解《せいかい》なら友《とも》だちはわかってもらえたと、ほっとするんだ。

もしあなたの解読《かいどく》がまちがったら、友《とも》だちは「ちがうよ」といって、もっとあなたにわかるように気《き》もちを説明《せつめい》したくなる。だから、ハズレでも心配《しんぱい》しなくてだいじょうぶ。とにかく正解《せいかい》かどうかを相手《あいて》に確認《かくにん》することが大切《たいせつ》だ。自分《じぶん》の気《き》もちをいい、相手《あいて》の気《き》もちも聞《き》く、そういうやり取《と》りをなん回《かい》かしているうちに、おたがいの気《き》もちや考《かんが》えがわかりあえてくる。

わかりあえると、おたがいに歩《あゆ》みよろうという気《き》もちも生《う》まれやすくなる。コミュニケーションがつづくことが大切《たいせつ》なんだ。

【レッスン4】
友《とも》だちの気《き》もちを確認《かくにん》する聞《き》き方《かた》の練習《れんしゅう》をしてみましょう。

①友《とも》だちにかしていたマンガの本《ほん》を返《かえ》してほしいといったら、「ぼくたち友《とも》だちだろう。ケチなことというなよ」といわれました。友《とも》だちの気《き》もちを確認《かくにん》してみよう。

②そうじをサボっている友《とも》だちに「こまる」と気《き》もちを伝《つた》えたら、「いい子《こ》ぶるなよ。おまえ、先生《せんせい》の手下《てした》じゃないの」といわれました。

③なかよしだと思《おも》っていた友《とも》だちが、このごろあなたをさけているようなので、思《おも》いきって「さびしい」と気《き》もちをつたえたら、「だって、あなたのほうこそ、わたしをさけているじゃない」といわれました。

④親《おや》に大切《たいせつ》な友《とも》だちの悪口《わるぐち》をいわれ、「ぼくの大切《たいせつ》な友《とも》だちのことを悪《わる》くいわれると悲《かな》しい」とつたえたら、「なまいきなことといわないの。あなたのためを思《おも》っているからいうのよ」といわれました。

レッスン4へのメッセージ

どお？　友《とも》だちの心《こころ》は解読《かいどく》できたかな？　ちょっとむずかしいかな？　自分《じぶん》だったらどんな気《き》もちになるかな？　って、考《かんが》えるとわかりやすいかもね。

それでは、タンちゃんやミンちゃんがどんなふうにお友《とも》だちの心《こころ》の声《こえ》を解読《かいどく》したか、見《み》てみましょう。

①′友《とも》だちだから、もっと長《なが》くかりていてもいいと思《おも》うんだね。
②′いい子《こ》ぶってるように思《おも》うの？
③′わたしのほうがさけていると思《おも》っていたんだ。
④′お母《かあ》さんは、わたしのことを心配《しんぱい》してくれてるんだね。

10 だれも負《ま》けない話《はな》しあいの方法《ほうほう》

友《とも》だちとあそんだり、勉強《べんきょう》したりしているときに、自分《じぶん》のしたいことと友《とも》だちのしたいことがちがって対立《たいりつ》することって、よくあるよね。

たとえば、私《わたし》は家《いえ》の中《なか》であそびたいのに、友《とも》だちは外《そと》で走《はし》りまわってあそびたいとしたら、おたがいのしたいことがちがうからこまるよね。ジャンケンで決《き》めることも悪《わる》くないけど、話《はな》しあえば、おたがいが満足《まんぞく》できるあそび方《かた》が見《み》つかるかもしれない。

こういうとき、たいていはどちらかが相手《あいて》にあわせてがまんして、つきあうということが多《おお》くない？

がまんして相手《あいて》にあわせて、つきあうことも悪《わる》くはないけれど、いつも、いつも相手《あいて》にあわせてばかりいると、自分《じぶん》がほんとうにしたいことができないわけだから、不満《ふまん》がたまってくるよね。

そうすると、相手《あいて》のせいにしたくなったり、おもしろくないという気《き》もちが顔《かお》やたいどに出《で》てしまうこともある。そういうのって、相手《あいて》につたわるよね。おたがいにいやな気《き》もちになる。

いっしょにあそびたいという気《き》もちはどちらも同《おな》じなのだから、こんなときにはおたがいに友《とも》だちを自分《じぶん》の思《おも》いどおりにしようとしたり、友《とも》だちをせめたりしないで、気《き》もちを落《お》ちつけよう。

そして、自分《じぶん》はどうしてそうしたいのかを「自分《じぶん》の気《き》もちがつうじるいい方《かた》」を使《つか》って、おたがいの気《き》もちをいいあおう。それから、どうしたらみんなが満足《まんぞく》できるかのアイディアをいっぱい出《だ》しあって、一ばんよいアイディアをみんなで決《き》めよう。

そうすれば、ケンカにならないし、だれもがまんしなくてよくなるんだよ。この話《はな》しあいのことを「だれも負《ま》けない話《はな》しあい」といいます。

みんなで 仲よく
いっしょに遊ぶためには
どうしたら いいだろう
だれも負けない
話しあいで 決めよう

11　だれも負《ま》けない話《はな》しあいの6つのじゅんばん

うまく話《はな》しあいをするためのじゅんばんを教《おし》えるね。

①おたがいに落《お》ちつく

すぐにいいかえしたり、友《とも》だちをせめたりしないで、「話《はな》しあいで決《き》めよう」と友《とも》だちにいおう。お友《とも》だちが「そんな話《はな》しあいなんかめんどうくさいよ」っていったら「がまんしてたら、楽《たの》しくないじゃない。話《はな》しあおうよ。きみも楽《たの》しくなると思《おも》うよ」ってさそおう。イライラしていたら、ちょっと深呼吸《しんこきゅう》すると、とっても気《き》もちが落《お》ちつくよ。

②おたがいにどうしてそうしたいのか理由《りゆう》をいう

どうしてそうしたいのかには、必《かなら》ず理由《りゆう》があるよね。

たとえば、家《いえ》であそびたいのは、「親《おや》にるす番《ばん》をたのまれたから」「友《とも》だちから電話《でんわ》がかかってくるから」「新《あたら》しいテレビゲームのソフトであそびたいから」「かぜぎみだから」「外《そと》であそびたいのは、「思《おも》いっきり走《はし》りまわりたいから」「サッカーの練習《れんしゅう》をしたいから」「親《おや》に外《そと》であそびなさいといわれたから」

③たくさんのアイディアを出《だ》しあう

おたがいの理由《りゆう》がわかったら、みんなが満足《まんぞく》できそうなアイディアをできるだけたくさん出《だ》しあう。そのときのルールは「そんなアイディアはダメ」とか「反対《はんたい》とか賛成《さんせい》」っていわないこと。とにかく考《かんが》えつくアイディアをたくさん出《だ》してみる。

こういう話《はな》しあいのことを英語《えいご》では「ブレインストーミング」というんだよ。「頭脳《ずのう》にあらし」という意味《いみ》なんだけど、みんなの頭脳《ずのう》をよせ集《あつ》めれば、一人で考《かんが》えるより、よい考《かんが》えがうかぶ。おぼえきれないときは、紙《かみ》に書《か》いてもいいよ。このルールを友《とも》だちにもつたえてね。

④アイディアをチェックする

たくさんでたアイディアを一つずつチェックする。

そのときのルールは、

・それに決《き》めたらみんなはどんな気《き》もちになるか？

・みんなが満足《まんぞく》できるか？
・一人でも満足《まんぞく》できないアイディアは消《け》す
・多数決《たすうけつ》では決めない
・安全《あんぜん》なアイディアかどうか考《かんが》える

⑤アイディアを決《き》める

残《のこ》ったアイディアの中《なか》から、みんなが満足《まんぞく》なアイディアを決定《けってい》し、やってみる。多数決《たすうけつ》では決《き》めないでね。一人でも満足《まんぞく》できない人《ひと》がいたら、もう一度《いちど》アイディアを考《かんが》えてみてね。新《あたら》しいアイディアを考《かんが》えてもいいし、今《いま》あるアイディアをくっつけたり、なおしたらみんなが満足《まんぞく》するかもしれないよ。

⑥やってみてどうだったか話しあう

じっさいにやってみて、みんなが満足《まんぞく》しているかどうか聞《き》いてみる。もし、満足《まんぞく》できない人《ひと》がいたら、理由《りゆう》を聞《き》いてもう一度《いちど》、最初《さいしょ》から話《はな》しあう。

決《き》めたことがうまくいかなくなったら、そのときにまた話《はな》しあうことも大切《たいせつ》だね。

それでは、タンちゃんとマルちゃんとカンちゃんがどうやって話《はな》しあったか、みてみましょう。

みんなのアイデアを
出しあいましょう

タンちゃん　「ぼく、今日《きょう》は家《いえ》であそびたい」

カンちゃん　「え～、ぼく外《そと》の方《ほう》がいい」

マルちゃん　「わたしはどっちでもいいよ」

あらあら、3人の意見《いけん》が対立《たいりつ》しちゃったね。でも、タンちゃんは「だれも負《ま》けない話《はな》しあい」の方法《ほうほう》を知《し》っていました。

タンちゃん　「じゃさ、みんなが楽《たの》しくなる話《はな》しあいで決《き》めよう。カンちゃんはどうして外《そと》であそびたいの？　マルちゃんは、ほんとうはどうしたいの？」

カンちゃん　「だってさ、サッカーしたい」

マルちゃん　「わたしは二人《ふたり》といっしょにあそべれば、外《そと》でも家《いえ》でもいいの」

タンちゃん　「ぼくはね、きのう買《か》ってもらったゲームソフトを早《はや》くやりたいんだ。じゃあさ、みんなが満足《まんぞく》するにはどうしたらいいか、いっぱいアイディアを出《だ》してみようよ。今《いま》はさ、アイディアを出《だ》すだけで、賛成《さんせい》とか反対《はんたい》とかいうのは、なしだよ。全部《ぜんぶ》アイディアが出《で》てからみんなで決《き》めよ」

マルちゃん　「ゲームやったあと、サッカーすればいいじゃん」

カンちゃん　「サッカーしたあと、ゲームするほうがいいよ」

タンちゃん　「今日《きょう》はゲームやって、明日《あした》はサッカーする。それから、サッカーのゲームソフトであそぶ。ほかにアイディアはないかな?」

マルちゃん　「みんなバラバラにあそぶってのはどう?」

いっぱいアイディアが出《で》てきたね。このあと3人《にん》は一つ一つアイディアに〇×をつけて、アイディアを決《き》めました。

3人《にん》とも〇がついたのは、「サッカーしたあと、タンちゃんの家《いえ》でゲームする」でした。

夕方《ゆうがた》4時までサッカーして、4時から5時までゲームすることで、三人《さんにん》とも満足《まんぞく》しました。

学校《がっこう》のクラスの話《はな》しあいにも、これは使《つか》えるよ。

12　ことばの暴力《ぼうりょく》

言葉《ことば》って不思議《ふしぎ》だと思《おも》わない？

「ありがとう」とか「好《す》きだよ」っていわれたら、心《こころ》がほかほかあったかくなって、体《からだ》もなんだかほわーとして、幸《しあわ》せな気《き》もちになるよね。

反対《はんたい》に「ばかやろう」とか「うるせぇ」「あっちいけ」なんていわれると、心《こころ》が冷《つめ》たく、かたくなって、体《からだ》もカチカチに固《かた》まってくるし、息《いき》も苦《くる》しくなって、いやな気分《きぶん》になる。

毎日《まいにち》、毎日乱暴《まいにちらんぼう》な言葉《ことば》を投《な》げつけられたら、心《こころ》は傷《きず》つく。なぐられたり、けられたりしたら体《からだ》が傷《きず》つくように、言葉《ことば》も使《つか》い方《かた》によっては人《ひと》の心《こころ》を傷《きず》つける。だから、言葉《ことば》も暴力《ぼうりょく》になるんだよ。

体《からだ》が傷《きず》つけば、はれたり、血《ち》が出《で》たりして傷《きず》ついていることが目《め》に見《み》えるから、相手《あいて》が苦《くる》しかったり、痛《いた》かったりすることがこちらにもわかる。

わたしね
おばあちゃんに
相談があるの

でも、心《こころ》の傷《きず》は目《め》に見《み》えない。だから、自分《じぶん》の心《こころ》が傷《きず》ついていていても自分《じぶん》でも気《き》づかないことがあるし、相手《あいて》が傷《きず》ついていることがわからないときもある。言葉《ことば》の暴力《ぼうりょく》はとても危《き》険《けん》なんだ。

時間《じかん》がたてば自然《しぜん》に治《なお》る心《こころ》の傷《きず》もある。でも、何度《なんど》も何度《なんど》も傷《きず》つけられると、治《なお》るのにとても時間《じかん》がかかったり、お医者《いしゃ》さんに治《なお》してもらわないといけなくなることもある。言葉《ことば》の暴力《ぼうりょく》を受《う》けているうちに生《い》きる力《ちから》をなくしてしまう人《ひと》もいるんだ。「どうせ自分《じぶん》なんかダメな人間《にんげん》だ」「だれも自分《じぶん》を好《す》きになってくれない」「自分《じぶん》なんていなくなった方《ほう》がいい」

こんな考《かんが》えで心《こころ》がいっぱいになる。言葉《ことば》の暴力《ぼうりょく》という毒《どく》が心《こころ》や体《からだ》をダメにしてしまう。その毒《どく》を消《け》す薬《くすり》は、やさしい言葉《ことば》、愛《あい》のある言葉《ことば》。

言葉《ことば》は人間《にんげん》だけにあたえられたすてきなプレゼント。だから大切《たいせつ》にしたいよね。人《ひと》を元《げん》気《き》にしたり、やさしい気《き》もちにしたり、楽《たの》しい気《き》もちにしたりするような愛《あい》のある言葉《ことば》をたくさん使《つか》ってほしい。

相手《あいて》が傷《きず》つくような言葉《ことば》はみんなには使《つか》ってほしくない。もし、だれかから言葉《ことば》の暴力《ぼうりょく》を受《う》けたら、勇気《ゆうき》を出《だ》して自分《じぶん》の心《こころ》がどれだけ傷《きず》ついているかを相手《あいて》につたえよう。

「ばか！　とかあっちへ行《い》け！　ってどなられると、とっても心《こころ》が傷《きず》つくし、悲《かな》しくて心《こころ》が痛《いた》いよ」

こんなふうにわたしの傷《きず》ついた心《こころ》が見《み》えるように、言葉《ことば》で相手《あいて》につたえてみよう。一度《いちど》でわかってもらえなくても、めげないでいい続《つづ》けよう。

そして、心《こころ》の傷《きず》が深《ふか》くならないうちに、信頼《しんらい》できる友《とも》だちや大人《おとな》に相談《そうだん》しよう。あなたの相談《そうだん》にのってくれる大人《おとな》は必《かなら》ずいるよ。

「そんなことくらいで悩《なや》むな」

「おまえにも悪《わる》いところがあるから」

とかいって親《おや》や先生《せんせい》があなたの気《き》もちを理解《りかい》してくれないときは、おじいちゃんやおばあちゃん、おばさんやおじさん、近所《きんじょ》のやさしいおばちゃん、塾《じゅく》の先生《せんせい》、保健室《ほけんしつ》の先生《せんせい》、スクールカウンセラーに話《はな》してみよう。子《こ》どもの悩《なや》みを電話《でんわ》で相談《そうだん》できるところもあるよ。

だから、あきらめないで！

13　ともだちを助《たす》ける方法《ほうほう》

友《とも》だちが傷《きず》ついたり、こまったり、悩《なや》んだりして、あなたに相談《そうだん》してきたら、どうしたらいいだろう。そのときにあなたにできることはたくさんある。自分《じぶん》だったら、どうしてほしいかと考《かんが》えることも大切《たいせつ》なことだ。いっしょにいてあげるだけでも、心強《こころづよ》いよね。

傷《きず》ついたり、こまったり、悩《なや》んだりしているときは、心《こころ》の中《なか》はそのことでいっぱい。心《こころ》にはほかの考《かんが》えが入《はい》らないくらいパンパンではちきれそうになる。

そんなときには心《こころ》につまっている気《き》もちを吐《は》き出《だ》すと楽《らく》になる。だから友《とも》だちとして、してあげられることは、友《とも》だちの気《き》もちをたくさん聞《き》いてあげることだ。

そのときは「相手《あいて》の気《き》もちを確認《かくにん》する聞《き》き方《かた》」が役《やく》に立《た》つ。

「つらいんだね」「悲《かな》しいんだね」「こわいんだね」「不安《ふあん》なんだね」「どうしていいかわからないんだね」って、悩《なや》んでいる友《とも》だちの気《き》もちを確《たし》かめて言葉《ことば》を返《かえ》すと、友《とも》だちは話《はな》し

だいじょうぶ？
……

やすくなる。

友《とも》だちの投《な》げてきた言葉《ことば》をそのまま返《かえ》したり、言葉《ことば》の中《なか》にある気《き》もちを確《たし》かめて投《な》げ返《かえ》して、言葉《ことば》のキャッチボールをするといいんだよ。

友《とも》だちがこまったり、悩《なや》んだりしていると、つい自分《じぶん》の意見《いけん》をいったり、こうしたらいいよといいたくなるけど、どんなにいい意見《いけん》だと思《おも》っても、友《とも》だちの心《こころ》は悩《なや》みでいっぱいだから、友《とも》だちはあなたの意見《いけん》や考《かんが》えをなかなか心《こころ》に入《い》れることができないんだ。

こんなときにあなたの意見《いけん》をいい続《つづ》けると、友《とも》だちは、

「わかってもらえない」

「わたしの気《き》もちなんて、この人《ひと》にはわからない」

「えらそうに言《い》わないでよ」

と話《はな》したくなくなったり、反発《はんぱつ》したくなる。だから、友《とも》だちの気《き》もちをたくさん聞《き》いて、友《とも》だちの心《こころ》が楽《らく》になってから、自分《じぶん》の考《かんが》えや意見《いけん》をつたえるといいよ。

友《とも》だちの力《ちから》になることは大切《たいせつ》なことだけど、友《とも》だちの悩《なや》みは友《とも》だちのもので、あなたは友《とも》だちの代《か》わりに悩《なや》みを解決《かいけつ》してあげることはできない。悩《なや》みやこまったことがおきたときにはつらくても、自分《じぶん》で解決《かいけつ》しなきゃいけないんだ。それが生《い》きる力《ちから》になるんだよ。

人《ひと》にはだれにでも、自分《じぶん》の悩《なや》みやこまったことを解決《かいけつ》できる力《ちから》があるんだ。だからその力《ちから》を信《しん》じて、友《とも》だちの気《き》もちをしっかり聞《き》いてあげることが、大《おお》きな助《たす》けになることをおぼえておこう。

14　生《い》きる力《ちから》

コミュニケーションの大切《たいせつ》さをわかってもらえたかな？

人《ひと》は一人《ひとり》じゃ生《い》きていけないから、いろいろな人《ひと》と協力《きょうりょく》したり、助《たす》けあったりしなければいけないんだ。だから、コミュニケーションが大切《たいせつ》なんだよね。

この本《ほん》で知《し》ったコミュニケーションのとり方《かた》がうまくいかないときもあると思《おも》うけど、あきらめないでコミュニケーションを続《つづ》けてね。

大人《おとな》の人《ひと》だって、こういう勉強《べんきょう》をするチャンスがなかった人《ひと》はおおぜいいる。だから、もしかしたら、きみたちのまわりにいる大人《おとな》たちにも、あれれ？　と思《おも》うようないい方《かた》や聞《き》き方《かた》をする人《ひと》もいるかもしれない。そんなときには、きみたちが先生《せんせい》になって教《おし》えてあげることもできるね。

これから、きみたちが大人《おとな》になるまでには、いろいろなことを経験《けいけん》したり、体験《たいけん》したり

仲よくなると
楽しいね

する。楽《たの》しいこともたくさん経験《けいけん》するだろうけど、ときには悩《なや》んだり、こまったりすることもたくさんあると思《おも》う。

つらくなったときには、この本《ほん》で学《まな》んだことを思《おも》い出《だ》してね。きみたちには悩《なや》みやこまったことを自分《じぶん》で解決《かいけつ》する力《ちから》が必《かなら》ずあるってことを！

悩《なや》みやこまったことは、学校《がっこう》の宿題《しゅくだい》といっしょで、人《ひと》にやってもらったら学力《がくりょく》がつかないのと同《おな》じだ。悩《なや》みやこまったことは「人生《じんせい》の宿題《しゅくだい》」だから、自分《じぶん》で乗《の》りこえていかなきゃ、生《い》きる力《ちから》にならないいんだよ。

解《と》き方《かた》がわからないときに相談《そうだん》することは大切《たいせつ》だけど、解《と》き方《かた》のヒントをもらったら最後《さい》は自分《じぶん》の力《ちから》でやりとげよう。失敗《しっぱい》したってへっちゃらだ。何度《なんど》でも挑戦《ちょうせん》しよう。ゲームといっしょだ。ゲームだって、失敗《しっぱい》しても経験値《けいけんち》がふえて強《つよ》くなって、あきらめなければ最後《さいご》にはクリアできるでしょう。

そうやって、悩《なや》みやこまったことや、失敗《しっぱい》を一つ一つ乗《の》りこえていく経験《けいけん》をすることで、だんだん大人《おとな》になっていくんだよ。自分《じぶん》の気《き》もちを正直《しょうじき》にいえる勇気《ゆうき》と、人《ひと》の話《はなし》をきちんと聞《き》ける大《おお》きな心《こころ》をもったすてきな大人《おとな》になってね。

15 「ありがとう・しあわせに」の詩《し》

せがわ　あつき作

あまんえんぼうも　なきむしも
りかもしゃかいも　さんすうも
がっこがたのしい　そのわけは
ともだちなんだ
うれしいな
しんにゅうせいも　ろくねんも
あすもきのうも　これからも
わたしはわたし　ここにいる
せかいにひとりの
にんげんだ

コミュニケーション　チャート

自分《じぶん》がいやな気《き》もちになったとき

話《はな》す　〈自分《じぶん》の気《き》もちがつうじるいい方《かた》〉

＊主語《しゅご》はわたし、ぼく
＊自分《じぶん》の正直《しょうじき》な気《き》もち
＊相手《あいて》の人《ひと》がいったり、したりしたこまったこと
＊どうして自分《じぶん》がこまるのかの理由《りゆう》

相手《あいて》がこまったり、悩《なや》んだり、いやだと感《かん》じているとき

聞《き》く　〈相手《あいて》の気《き》もちを確認《かくにん》する聞《き》き方《かた》〉

相手《あいて》のいったことをくりかえす
相手《あいて》の気《き》もちの解読《かいどく》
相手《あいて》の気《き》もちの確認《かくにん》

意見《いけん》が対立《たいりつ》したとき

話《はな》しあう　〈だれも負《ま》けない話《はな》しあい〉

６つの順番《じゅんばん》

①おたがいに落《お》ちつく
②おたがいにどうしたいのか理由《りゆう》をいう
③たくさんのアイディアをだす
④アイディアをチェックする
⑤アイディアを決《き》める
⑥やってみてどうだったか話《はな》しあう

あとがき

コミュニケーションの能力は、人生に大きな影響を与えるということを私自身が実感しています。私が「親業訓練」の勉強を始めたきっかけは、二人の義理の娘たちとの親子関係に悩んだからでした。

十七年前、二人の子を持つ男性と結婚し、初婚の私は結婚と同時に二児の母親になったのです。親の経験どころか、出産の経験もまだしたことがなかった私は、理想のお母さん像に一歩でも近づこうと一生懸命でした。

良いお母さんとはこうあるべき、良いお母さんとはこうしなければならない、と勝手に思い込み、娘たちにも良い子になることを強要していました。なぜなら、良いお母さんであることの証明に、良い子が育たないと困ると無意識に思っていたからです。

コミュニケーションどころか、自分の思い通りに相手を動かすことしか頭になかった私は、指示や命令ばかりの会話を子どもたちにしていたのです。幸い子どもたちの方が親より賢かったことで、二人は私に反抗することで私の対応が間違っていることを、身をもって教えてくれました。ありがたいことです。

私は血のつながりがなくても、子どもたちのことを愛していると今は思えるようになりましたが、娘たちと良い関係が築けないのは自分には愛情がないからだと、以前は自分を責めて苦しんでいたのです。

そんな私に気づきを与えてくれたのが、親業訓練協会の理事長、近藤千恵さんが書かれた一冊の本『子どもに愛が伝わっていますか』でした。この本を読んで、人生が変わったのです。私に欠けていたものは、愛情ではなく、その愛情を伝えるコミュニケーションの能力だったということが自覚できたのです。

せっかくの親の愛情も伝え方が適切でないと、子どもたちは「自分は愛されていない」「自分の気持ちや意見は受け止めてもらえない」「自分なんか、いてもいなくても一緒だ」「なにを言っても無駄だ」と無力感や自己否定感を抱えて、苦しんでしまうのです。

今、そういう子どもたちが増えています。自分の感情や気もちを表現することを、あきらめてしまった子どもたちのことを私はとても心配しています。

家庭内の問題だけでなく、現代社会は機械化が進み、便利で一見豊かな生活にみえますが、その環境が子どもたちのコミュニケーション能力を奪っている面もあります。

飲み物が欲しければ、「これ、ください」と言えなくても、自動販売機に小銭さえ入れれば手に入り、友だちと関わらなくても、TVやゲームの世界で何時間も遊べます。お手伝いで買い物に行くこともない、たとえ行ったとしても、スーパーのレジに品物を出して、言われた金額を出せば誰とも口をきかずに用はすみます。

家庭は核家族化が進み、個室を与えられ、最小単位の社会である家族ともコミュニケーションしなくても生きていけるような環境です。学校の勉強でも、コミュニケーション能力がなければ、ただの知識の詰め込みだけです。意見が異なる他者と対話し、自分の考えを発展させていくという本当の意味での学ぶということが難しくなります。

自分の意見を言う、相手の意見も聞くという行為がなければ、分かり合うこともできません。意見の違うものは無視してすみます。これでは、世の中は殺伐としたものになります。

しかし、人は一人では生きていけない社会的な動物です。人間にとって、もっとも大切な能力はコミュニケーション能力ではないかと私は思っています。その大切なコミュニケーション能力が退化していることが、さまざまな問題を引き起こしているように、私には思えるのです。

もし、あなたが親として子どもと接する上で、コミュニケーションに問題を感じていたら、どうぞ、お子さんと一緒にこの本で学んでみてください。

コミュニケーションの取り方については様々な講座やセミナーがありますが、身につけるまで学べるという点では、アメリカの臨床心理学者トマス・ゴードン博士が考案した「親業訓練」は素晴らしいプログラムです。この本の土台になっているものも、私が長年学んだ親業訓練の考え方が基本になっています。「親業訓練」に関しての情報は次のページに記載しましたのでご覧ください。

今までは親に働きかけることで、子どものコミュニケーション能力を上げようとしてきましたが、もうそれでは間に合わないという感を強くしています。なんとか子どもたちにコミュニケーションの大切さ、楽しさを伝えたいという思いが高じてこの本になりました。この本が、二一世紀を担う子どもたちの役に立つことを心から願っています。

最後に本書の出版にあたり、素敵なイラストを描いていただいた渡辺美智雄さん、編集をしていただいた元就出版社社長の浜正史さんに心からお礼を申し上げます。

この本の売上げの一部はユニセフ協会に寄付させていただきます

瀬川文子のホームページ　http://homepage1.nifty.com/awa-oyagyo/

親業訓練協会が提供する訓練講座一覧

親業訓練一般講座（24時間）
親業訓練上級講座（33時間）
親業訓練パートII講座（17時間）
親業訓練入門講座（6時間　但し20名以上の団体のみ）
自己実現のための人間関係一般講座（21時間）
自己実現のための人間関係上級講座（30時間）
教師学一般講座（28時間）
教師学上級講座（30時間）
教師学基礎講座（6時間）
教師学基礎講座・保育編（6時間）
看護ふれあい学一般講座（21時間）
看護ふれあい学上級講座（30時間）
看護ふれあい学基礎講座（6時間）

【親業訓練協会】

〒107-0062　東京都港区南青山7-10-3　南青山STビル2F
TEL　03-3409-8335　HP　http://www.oyagyo.or.jp

【参考図書】

『親業（P. E. T）』　トマス・ゴードン著　近藤千恵訳　大和出版
『子どもに愛が伝わっていますか』　近藤千恵訳　三笠書房
『女性のための人間関係講座』
リンダ・アダムス　エリーナ・レンズ著　大和書房
『気持ちの本』　森田ゆり著　童話館
『自分をまもる本』　ローズマリー・ストーンズ著　晶文社
『子どもとマスターする49の話の聞き方・伝え方』
子どものコミュニケーション研究会編　合同出版社

聞く、話す　あなたの心、わたしの気もち

2004年6月18日　第1刷発行
2006年7月29日　第2刷発行

著　者　瀬　川　文　子
発行人　浜　　正　史
発行所　株式会社　元就《げんしゅう》出版社
〒171-0022　東京都豊島区南池袋4-20-9
サンロードビル2F-B
電話　03-3986-7736　FAX　03-3987-2580
振替　00120-3-31078

印刷所　株式会社　シナノ
※乱丁本・落丁本はお取り替えいたします。

ISBN4-86106-009-5 C0037

瀬川文子

ほのぼの母業　のびのび父業

■定価一〇五〇円（5％税込）

ゴードン博士に学ぶ　21世紀の家族へわかりあえるコミュニケーション訓練

　これから、ますます相互通行の人間関係が大切な時代になりそうです。自分以外の人間が自分の存在を認めてくれなければ、自分が存在していることの意味も発見できなくなります。面倒くさいように思われる人との関わりのなかでこそ、人は自分を客観的に見つめることができ、そういう体験の積み重ねが人を成長させ生きる力になるのだと思います。

「おわりに」より